Mercier

80 V 38

1783

NOTICE
DE DESSINS

Montés & en feuilles, Gouaffes fous verre & dans des bordures dorées, plufieurs Porte-feuilles d'Eftampes Françoifes, Angloifes & autres ; différens Recueils reliés, &c.

Dont la Vente fe fera le 23 Mars 1778, dans la Grand'Salle de l'Hôtel d'Aligre, rue S. Honoré.

Les Gouaffes & Deffins font originaux de Pe-rignon, Lagrené l'aîné & le jeune, Perotte, de Machi, Lallemand, Houel, Mayer, S. Bourdon, Servandoni, Natoir, Larue le Peintre & le Sculpteur, J. B. Greuze, Le Prince, F. Boucher, Deshais, Robert, Fra-gonard, de Boiffieu, & autres bons Maîtres.

L'on pourra voir les objets le Dimanche 22, depuis dix heures jufqu'à une heure, & le Lundi jour de la Vente à pareille heure.

La préfente Notice fe diftribue

Chez A. PAILLET, Peintre audit Hôtel.

Il ny avoit rien de confequence dans le Contenu de Ce Catalogue

NOTICE

DE DESSINS

Montés & en feuilles, Gouaffes fous verre & dans des bordures dorées, plufieurs Porte-feuilles d'Eftampes Françoifes, Angloifes & autres ; différens Recueils reliés, &c.

Gouaffes montées fous verre & dans des bordures dorées.

1. **D**EUX beaux morceaux à gouaffe, par M. de Machi, repréfentans des ruines, mo-numens d'Architecture, & plufieurs figures.

2. Un Payfage, des rochers & cafcades, par Perignon. Ce morceau d'une belle harmo-nie de couleur, eft orné de quelques figures.

3. Une Grotte, vue d'Italie, & plufieurs figu-res : ce morceau librement peint à gouaffe, eft de forme ovale, par Lagrené le jeune.

4. Un Cavalier arrêté à la porte d'un caba-ret ; & pour pendant, une écurie, par Phi-lippe Carême.

5. Deux Sujets dans le genre Flamand, par le même.   A ij

6. Deux différentes vues des environs de Rome, par J. Houel.

7. Plusieurs Paysans arrêtés près d'une maison, & occupés à regarder une curiosité que tient un homme qui joue du violon : ce morceau d'une composition plaisante, est peint à gouasse par Mayer.

8. Un Paysan monté sur un âne, qui conduit différens animaux, par le même.

9. Deux pendans, forme ronde, représentans des ustensiles de ménage, avec fond de paysage, par Perotte.

10. Des canards & des oies aussi bien touchés que les précédens, par le même.

11. Deux riches Paysages & Architecture, par Costelly ; & plusieurs figures, par Taunay.

12. Deux différentes vues de Rome, par Lallemand.

13. Deux autres morceaux, par le même ; l'un, une vue du Tibre ; l'autre, le Lac de Castel-Gandolf.

14. Deux Paysages ; dans l'un est un pont qui se trouve gravé par Van Uliet : ces deux morceaux agréables sont par M. Barbier.

15. Deux pendans, ruines d'Architecture, par Moreau.

16. Deux Paysages précieusement finis, par Agricola.

17. Deux pendans représentans différens oiseaux, par le même.

18. Deux autres, *idem*.

19. Un Sujet Pastoral dans le goût de Boucher.

20. Deux jolis Paysages & vues de riviere, par Resser.

21. Deux Sujets de Batailles, par le petit Rubens.

22. Une vue de Château, par Girard.

23. Quatre Paysages peints à gouasse par Moret.

24. Le Portrait d'une Dame & d'un Enfant, ébauche de forme ovale, par Baudoin.

25. Un Sujet champêtre & un petit morceau à gouasse, forme ronde, par Baudoin.

26. Trois morceaux à gouasse, paysages, fabriques & vues de riviere.

27. La Toilette de Vénus, esquisse peinte à l'huile, & une Tête de femme, étude de profil.

Dessins sous verres & dans des bordures dorées.

28. Jesus-Christ à table avec ses Disciples, très-beau dessin lavé à l'encre de la Chine, & rehaussé de blanc, par Sébastien Bourdon.

29. Un Palais d'Architecture par Servandoni : ce morceau capital est d'un grand effet, & orné de plusieurs figures.

30. Deux Dessins par C. Natoire; ils représentent des jeux d'enfans, à la sanguine sur papier gris.

31. Un beau Dessin de bataille à la plume, mêlé de sanguine sur papier blanc, par La Rue le Peintre.

32. Une Etude d'Enfant, & une Tête de jeune fille, par différens Maîtres Italiens.

33. Deux Figures drapées, dessinées à la sanguine par F. Vanloo.

34. Une Marche de Faunes & Satyres, à la plume & lavé d'encre de la Chine, par La Rue.

35. Deux Deſſins par le même, repréſentants des jeux d'enfans; ils ſont forme de friſe & légerement coloriés.

36. Deux Sujets allégoriques au regne de Louis XIV, par Favane; ils ſont à la pierre noire, lavés d'encre de la Chine, par le même.

37. Deux Têtes d'homme à la pierre noire, mêlée de paſtel, par Dumoutier.

38. Un Deſſin librement touché par J. B. Greuze, compoſition de trois figures à la pierre noire, rehauſſée de blanc ſur papier bleu.

39. Une Tête de femme, très-belle étude au crayon noir, eſtompé ſur papier gris, par le même.

40. Un Portrait de vieille femme, à la ſanguine ſur papier blanc, par le même.

41. Douze belles Etudes de Têtes & compoſitions à l'encre de la Chine ſur papier blanc, par le même, non montées.

F. BOUCHER.

42. Une halte de Napolitains : ce deſſin, d'une plume très-ſpirituelle, eſt compoſé de quatre figures.

43. Un Sujet de trois figures; la principale eſt un homme qui porte un faiſceau d'armes; il eſt de la même maniere que le précédent.

44. Un Croquis très-ſpirituel ſur papier bleu; il repréſente une jeune femme qui porte une corbeille de fleurs, & près d'elle un jeune Enfant.

45. Une Etude de jeune Fille, griſaille à l'huile; & pour pendant, une figure de Femme à la ſanguine ſur papier blanc.

46. Un Sujet pastoral à la pierre noire, rehaussée de blanc sur papier bleu.

47. La Naissance de Bacchus, & pour pendant, Diane au bain. Ces deux Dessins composés & dessinés avec beaucoup de goût, sont à la sanguine sur papier blanc.

48. La Renommée; Étude au crayon noir & blanc sur papier bleu.

49. Vénus au bain : ce Dessin rempli de grace, est à la sanguine sur papier blanc, & de forme ovale.

50. Une Femme & des Amours; Étude sur papier bleu au crayon noir & blanc.

51. Une Composition de cinq figures; Croquis à la plume & lavé de bistre sur papier blanc.

52. Une Vestale dessinée comme le précédent.

53. Un Buste de femme vue de profil; Étude terminée au crayon noir & blanc sur papier bleu.

54. Des Baigneuses dessinées à la plume, lavées de sanguine.

55. Une jolie Paysanne tenant un Enfant par la main; Étude sur papier bleu au crayon noir & blanc.

56. Une jolie Paysanne qui tient un bâton sur son épaule, à chaque bout duquel est attachée une cage. Ce Dessin est terminé au crayon noir & blanc sur papier bleu.

57. Sept Dessins, compositions, études de figures & croquis qui seront divisés.

J. B. DESHAIS.

58. Alexandre chez Apelle, faisant peindre sa

A iv

Maîtreſſe ; & pour pendant, Pygmalion :
ces deux beaux Deſſins ſont à la plume, lavés de biſtre, rehauſſés de blanc.

59. Une autre compoſition, même genre que
le précédent.

60. Une Etude bien faite au crayon noir &
blanc ſur papier jaune.

61. Deux Deſſins, étude de Tête à la ſanguine ſur papier blanc, par H. Fragonard.

62. Une jeune Fille appuyée ſur ſes deux
mains, même genre que le précédent.

63. L'Adoration des Rois, ſujet de plafond à
la ſanguine ſur papier blanc.

64. Deux différens Sujets, croquis très ſpiri-
tuel & légérement colorié.

65. Une vue de Jardin lavée au biſtre avec
beaucoup de goût, ſur papier blanc.

66. Une Dormeuſe ; Etude bien faite à la
ſanguine ſur papier blanc, par le même.

67. Trois Croquis & Payſages, par Fragonard & autres.

68. Deux autres, *idem* ; & un Payſage à la
plume ſur papier blanc.

69. Une vue de Rome & chûte d'eau : ce
beau Deſſin eſt de forme ronde, & légérement colorié par H. Robert.

70. Deux autres, forme ovale, même genre
que les précédens ; dans l'un eſt une fon-
taine ; dans l'autre, un reſte de Statue Egyp-
tienne.

71. Quatre beaux Payſages à la ſanguine ſur
papier blanc, par Robert & Fragonard.

72. Deux autres auſſi à la ſanguine, par H.
Robert.

73. Un autre librement touché ſur papier
bleu, par le même.

74. Une vue de Village, & fur le devant, des Joueurs de boule ; très-beau Deſſin lavé au biſtre ſur papier blanc, par J. B. Le Prince.

75. Un joli Payſage & chûte d'eau, même maniere que le précédent.

76. Vénus au bain ; & pour pendant, Diane ſurpriſe par Actéon : ces deux Deſſins ſont lavés au biſtre ſur papier blanc, par Louis Lagrené.

77. Un beau Payſage des environs de Rome, avec figures & animaux, par Jean Houel.

78. Deux Payſages & figures à la plume & au biſtre, par M. Wille.

79. Un autre, même genre que le précédent.

80. Deux jolis Deſſins à la plume, & coloriés par J. B. Huet ; ils repréſentent différens animaux, avec fond de payſage.

81. Une vue d'Italie, au biſtre & légérement coloriée par La Vallé Pouſſin.

82. Un Lavis à l'encre de la Chine, par le même ; il repréſente les trois Graces.

83. Un Deſſin, forme ronde, d'après l'antique, auſſi du même.

84. Deux Deſſins d'une plume ſavante ; l'un, dans le ſtyle de Luc Jordaens ; l'autre, un S. Jérôme lavé au biſtre.

85. Un Payſage, des Animaux & un Berger appuyé ſur ſon bâton. Ce Deſſin bien touché, eſt lavé à l'encre de la Chine ſur papier blanc, par Antoniſſen *d'Anvers*.

86. Une vue des environs de Lyon, par M. de Boiſſieu, Amateur : ce Deſſin d'une plume ſpirituelle, eſt lavé de biſtre ſur papier blanc.

87. Un Payſage & fabrique par le même,

& fait avec autant d'efprit que le précédent.

88. Des Forgerons ; & pour pendant , un intérieur de chambre où plufieurs hommes caufent enfemble : ces deux Deffins d'un bon effet, font au biftre & légérement coloriés par De France *de Liege*.

89. Deux Figures drapées, deffinées à la plume, lavées de biftre, par Ph. Parizeau.

90. Un Payfage à la plume fur papier blanc, par P. Bril.

91. Deux Payfages & Animaux fur papier bleu au crayon noir & blanc, eftompé par Mayer.

92. Deux autres, forme en hauteur ; dans l'un font des Bucherons ; dans l'autre, une Femme dans une brouette.

93. Quatre jolis Deffins, payfages, lavés au biftre fur papier blanc , par Sarazin.

94. Quatre autres par le même , dans le genre des précédens.

95. Une vue de Hollande lavée à l'encre de la Chine fur papier blanc, par La Fargue.

96. Un Payfage & Marine lavés comme le précédent, par Mad. Mercier.

97. Quatre Payfages à la pierre noire fur différens papiers, par Lantara.

98. Des Ruines d'Architecture ; deffin colorié par Boucher le fils.

99. Une Etude de femme tenant un livre : ce deffin eft à la fanguine fur papier gris, par Mad. Le Brun.

100. L'intérieur d'une chambre , où eft une jeune femme occupée à dévider du coton : deffin colorié fur papier blanc, par Alexandre.

101. Une Foire de Village à la sanguine, dans le genre de Gillot.

102. Deux Contre-épreuves à la sanguine, sujets pastorals.

103. Deux Paysages & halte de Cavalerie, sur papier bleu, par un Eleve de Casanova.

104. Quatorze Sujets pastorals & autres par Baudoin & Gravelot, à la plume & coloriés.

105. Deux Desseins à la pierre d'Italie sur papier blanc, maniere de Le Sueur.

106. Une Etude de pont rustique, par Esselyns; elle est à l'encre de la Chine sur papier blanc.

107. Six Desseins, Compositions, Têtes & Paysages qui seront détaillés.

108. Deux différens Sujets, genre de Cheneau, à la sanguine mêlée de pierre noire sur papier blanc.

109. Une vue de Jardin, forme ovale, avec figures; il est à la plume & colorié.

110. Deux Paysages lavés au bistre, dans le genre de Verotter.

111. Dix Desseins, Paysages, Etudes de Têtes & autres compositions qui seront divisés.

112. Deux différens Projets de décoration & illumination; desseins à la plume & coloriés.

113. Six Pastels, Etudes & Sujets qui seront divisés.

___

114. La Résurrection du Lazare; très-beau dessin lavé à l'encre de la Chine, par M. Pierre.

115. Plusieurs Têtes d'animaux; Etude d'une grande vérité, par J. B. Huet.

116. Sept Desseins montés sous verre; études & sujets par J. B. Greuze, F. Boucher, La Rue & autres, qui seront divisés.

117. Deux différentes Etudes de Tête , & un croquis à la pierre noire fur papier bleu , par François Boucher.

118. Deux Académies à la fanguine, & une Etude drapée, à la pierre noire fur papier bleu, par le même.

119. Deux Efquiffes peintes en grifaille fur papier.

120. Un Payfage & des chaumieres ; deffin lavé à l'encre de la Chine avec beaucoup de goût, par J. B. Le Prince.

121. Trois Deffins, Payfages & monumens d'Architecture , par Robert Lagrené I. &c.

122. Deux Deffins, payfages & rochers , à la plume fur papier blanc , par Palmerius.

123. Deux Etudes à la plume, lavées de biftre , par M. de Boiffieu ; & deux pendans , ruines d'Architecture, par Boucher le fils.

124. Deux différentes praieries de Hollande, par La Fargue.

125. Trois Payfages & vues de Hollande, coloriés par un Auteur moderne.

126. Quatre Deffins, payfages & fujets.

127. Trois autres par La Rue, Locatelly , &c.

128. Quatre différens Payfages, dont un de Lantara.

129. Treize Deffins, payfages, fujets & architecture, par différens Maitres.

130. Vingt-un autres, *idem.*

130 *bis.* Vingt-quatre autres , *idem.*

131. Quatre-vingt douze croquis & compofitions , par Baudoin & autres.

132. Neuf différens Sujets & Etudes, par Le Clerc, Châlle & autres.

133. Deux Payfages des environs d'Orléans, par M. Desfriches , Amateur.

134. Deux autres, par le même & J. Vernet.
135. Un Porte-feuille contenant plus de cent-quarante Académies, par Natoire, Largiliere, &c. qui feront vendus en plufieurs lots.
136. Plus de deux cens Etudes, compofitions, croquis, &c.
137. Un Volume rempli de différentes Etudes, par Vouette, Le Brun, Jouvenet, Natoire, & autres bons Maitres, au nombre de plus de cent cinquante Deffins.
138. Un très-beau Deffin à la plume, lavé de biftre, par un grand Maitre Italien.
139. Quatre Sujets de batailles & autres, par Nicolas Pouffin.
140. Une Nativité, par F. Mola ; & une Etude bien faite, par Le Bernin.
141. Trois Deffins par Loir, Le Bourdon & autres.
142. Deux autres par Lepautre & Solimene.
143. Cinq différens croquis au biftre, par Fragonard.
144. Cinq Deffins par Le Brun, Cazet & autres.
145. Un autre à la plume, lavé à l'encre de la Chine, par La Rue.
146. Cinq autres par Lagrené, Palmérius, &c.
147. Vingt Deffins, Académies, Etudes de tête, pieds, mains, &c. par différens bons Maitres.
148. Cinq autres à la pierre noire, deffinés avec foin d'après différentes Statues antiques.
148 bis. Un Volume en papier blanc, relié en veau, contenant cinquante Deffins, compofitions, croquis, payfages & marines, par différens bons Maitres, qui feront vendus en un feul article.

Eſtampes en Feuilles.

149. Quatre-vingt Eſtampes diverſes, gravées dans les genres de Rembrandt, du lavis, du crayon, & à la maniere noire, par le Capitaine Baillie, Gentilhomme Anglois. Cela forme la plus grande partie de ſon Œuvre; il s'en trouve beaucoup d'épreuves avec des différences : la Piece de cent florins de Rembrandt s'y trouve auſſi, & imprimée ſur papier des Indes.

150. Six Pieces par le même, d'après le Parmeſan, Rottenhamer, &c.

151. Sept autres, *idem*, d'après le Guerchin, Fr. Hals, &c.

152. Dix-neuf, *idem*, d'après Berghem, Van Goyen & autres.

153. Deux Pieces par Bartolozzi ; la Circoncifion & la Femme adultere.

154. Deux, *idem*, Clytie, d'après le Carrache & l'Indien.

155. Trois Pieces par Strange, &c. dont le Jugement d'Hercule, &c.

156. Six Sujets divers, gravés à Londres, d'après différens grands Maitres, dont Vénus & Adonis par Hall, &c.

157. Deux, *idem*, dont le Procureur d'après Holbein, &c.

158. Quatre, *idem*, d'après S. Roſe, &c. dont Xenocrate, l'Enfant prodigue, &c.

159. Trois, *idem*, dont Abraham d'après Pietre de Cortone, &c.

160. Trois Payſages auſſi gravés en Angleterre, d'après Cl. Lorain, &c. par Pye, Browne, &c.

161. Sept autres, *idem*, gravés par Canot, Byrne, &c.

161 *bis*. La Peste, d'après Mignard ; premiere épreuve, avec la Junon.

162. Sept Payfages d'après Teniers ; & Pillement, par Le Bas, Canot, &c.

163. Six Sujets divers d'après Rembrandt, Le Moine & Vanloo, dont Antiope, par Foffard, &c.

164. Huit Sujets de Comédies & autres, d'après Trooft, gravés par Houbraken, &c.

165. Trois Pieces modernes, dont la Chaffe au crocodile par Molés, les Forges de Vulcain par Lempereur, & les Bergers Ruffes par Tilliard.

166. Quatre Tempêtes & Marines d'après M. Vernet, dont le Coup de vent, &c.

167. Six autres moyennes Pieces, par le même.

168. Cinq Payfages & fujets divers, par Le Bas, Née, &c.

169. Cinq Pieces d'après Baudouin, &c. par Ponce & autres.

170. Cinq Sujets & Payfages d'après Lemoine, Detroy, &c. dont l'Enlevement d'Europe, par Cates, &c.

171. La Marche de Silene, d'après Rubens, par Delaunay ; premiere épreuve avant la Lettre.

172. Le Portrait de l'Abbé Terray, avant la Lettre, par Cathelin ; & une autre Eftampe par Lucien.

173. Huit Sujets divers d'après Vanloo, Jeaurat, &c. dont le Déménagement du Peintre, & pendant, &c.

174. Dix-neuf Pieces diverſes, dont la plu-
part à l'eau-forte, par le Guide & autres , &c.

---

175. La Vierge au linge d'après Raphaël,
par Poilly ; premiere épreuve avant la con-
tre-taille.

176. { La Nativité par le même, d'après le Guide ; ſuperbe épreuve, avec les Anges.
La Fuite en Egypte, par le même.

177. Deux Pieces par Rembrandt ; la Mort
de la Vierge & le grand Lazare.

178. Trois Pieces d'après Rubens ; la Pente-
côte , le Mariage de Ste. Catherine, & la
Rencontre de Jacob.

179. Cinq, *idem*, dont l'Adoration des Rois,
Loth ſortant de Sodome, &c.

180. Six Sujets divers., dont la Mort aux
rats, ancienne épreuve ; le Satyre ivre, de
Bolsweſt, &c.

181. La Ste. Famille par Smith, d'après C.
Maratte ; très-bonne épreuve.

182. Les deux Magdeleines à la lampe & au
chardon, par le même.

183. Vénus & Adonis d'après Alex. Véro-
neſe , par le même.

184. Quatre Pieces par Strange, d'après Pietre de Cortone. C. Maratte & S. Roſe,
dont Béliſaire, &c.

185. Deux par le même ; Amour dormant,
& pendant.

186. Deux, *idem* ; Toilette de Vénus & Jugement d'Hercule.

187. Trois *idem* ; Putiphar, Eſther, & Vénus
qui bande les yeux à l'Amour.

188.

88. Six Estampes faisant partie du Vol. de Boydell, gravées par Ravenet & autres, d'après le Poussin, &c.

189. Cinq Paysages & Ruines par Vivarès, d'après Cl. Lorain & Pannini.

190. Cinq autres, *idem*, d'après Zuccarelli, &c.

191. Quatre grandes Pieces, dont la Galathée de C. Maratte, le Triomphe de Titus, &c.

192. Six Sujets divers, dont Susanne au bain, & pendant, par Cars, &c.

193. Sept autres d'après Jouvenet, Vanloo &c. par Desplaces, Dupuis, &c.

194. Six Sujets pieux d'après Raphael, Correge, &c. par Larmesin & autres.

195. Six Sujets de la Fable, par Desplaces & Cars, d'après Jouvenet, Coypel & Lemoine.

196. Les quatre Sujets de Solon, &c. d'après N. Coypel; & de plus Coriolan d'après de la Fosse.

197. Les sept Sacremens en petit, d'après le Poussin, par Audran.

198. Rebecca d'après Coypel, par Drevet; ancienne épreuve.

199. Esther s'évanouissant, d'après le même, par Audran.

00. Adam & Eve, & le Sacrifice d'Abraham, par Drevet, d'après Coypel; premieres épreuves.

201. Trois Sujets divers, dont Alexandre malade, de le Sueur; la Mort de Germanicus, du Poussin; & Énée portant son pere, d'après Vanloo.

202. Cinq Pieces d'après Coypel & Vanloo, dont l'Amour, le Triomphe de Galathée, &c.

203. Cinq Sujets de Dévotion, d'après Vanloo, par Cars, Dupuis & Salvador.

B

204. Cinq Pieces, dont les Baigneufes, par Lempereur ; & les Arts, d'après Vanloo.

205. Quatre d'après Lemoine ; Hercule & Omphale, Adam & Eve, &c.

206. Six Pieces d'après Coypel, Pater, &c. par Lepicié, Ravenet, &c.

207. Six grandes Batailles du Mar. de Villars, &c.

208. Soixante Figures des Cris de Paris, d'après Bouchardon.

209. Trois Payfages d'après Berghem, par Aliamet, Le Veau, &c.

210. Cinq Pieces diverfes par Aliamet, Strange, &c. d'après Vouvermans, Vandevelde, &c.

211. Six Pieces d'après Vouvermans, par Moyreau ; & deux Batailles d'après Parocel.

212. Quatre Pieces en hauteur, d'après Vouvermens & Vanfalens, par Major & Le Bas.

213. Cinq d'après Teniers, par Le Bas & Lepicié.

214. Dix Payfages & Marines d'après Vernet, par Aliamet, Ouvrier, &c.

215. Cinq Pieces d'après Greuze, par Cars, Flipart, &c. dont le Silence, la Savonneufe, &c.

216. Cinq autres d'après Boucher & Leprince, par Daullé, Gaillard, &c.

217. Cinq Sujets paftorals d'après Boucher, par Gaillard.

218. Le Concert de Famille, par M. Wille.

219. Deux Pieces par le même ; les Muficiens ambulans, & l'Inftruction paternelle.

220. Quatre d'après Dietricy & M. Pierre, par Lempereur, Zingg & Daullé.

221. Six Sujets divers d'après Raoux, &c. par Beauvarlet, Daullé, &c.

222. Six autres d'après Vanloo, Fragonard,
&c. par Ravenet, Beauvarlet, &c.

223. Les douze Sujets de Mariages, par B.
Picart ; belles épreuves.

224. Dix Pieces par le Clerc ; les petites Conquê-
tes, la Cérémonie du Marquis d'Angeau, &c.

225. L'Entrée d'Alexandre, & l'Académie des
Sciences, par le même ; très-belles épreuves.

226. L'Histoire de Don Quixotte en 25 pieces,
d'après Coypel, par Cochin, Surugue &
autres ; anciennes épreuves.

227. Quatre-vingt trois vues, par Rigaud, des
différens Palais & Châteaux de Versailles,
Marly, &c. anciennes épreuves.

_____

228. La Suite des quatorze Ports de mer de France, par MM. Cochin & Le Bas, d'après les Tableaux de M. Vernet ; des premieres épreuves.

229. Huit Estampes diverses, dont la Peste de
Marseille, d'après Detroy ; un Paysage de
Berghem, par Aveline, &c.

230. Quatre grandes Pieces, dont les Pélerins
d'Emmaüs, d'après P. Véronese, par Tho-
massin, premiere épreuve avant la Lettre ;
l'Homme condamné au travail, du Feti, &c.

231. Vénus sur les eaux, d'après Boucher, par
Moitte ; premiere épreuve.

231 bis. La même Estampe, aussi belle épreuve.

232. Le Monument de Rheims, & les deux
figures qui sont au bas, gravées par le même ;
premieres épreuves.

233. Les trois mêmes Estampes, idem.

234. Neuf Estampes diverses d'après Vanloo,
Boucher, &c. dont Andromede, par Cars,
Enée, par Dupuis, &c.

B ij

235. Les Sangliers forcés, grande Piece d'après Vouvermans ; & trois autres Marines d'après Vernet, par Le Bas.

236. Six Sujets divers d'après le Sueur , Jouvenet & Coypel , dont Alexandre malade , Alceste , Astianax , &c.

237. Sept autres d'après MM. Pierre , Greuze, &c. dont Ganimede , le Donneur de sérénade , la Paresseuse , &c.

238. Les vingt Pieces pour l'Histoire de France, d'après M. Cochin , par Prevôt ; superbes épreuves.

239. Quinze Pieces d'après Vouvermans , par Moyreau.

240. Huit d'après Detroy, dont la Mort d'Hyppolite , la Reine de Saba, Susanne au bain, &c.

241. Trois d'après Coypel ; Esther , l'Amour piqué , & son pendant.

242. Sept Sujets divers d'après l'Albane , &c. dont Putiphar par Frey , &c.

243. Dix-sept grandes & moyennes Pieces d'après les Coypel , dont Tobie recouvrant la vue , Galathée , &c.

244. Dix-neuf Paysages & sujets Arabesques , d'après Watteau , dont la Mariée de village , les Amusemens de Cythere , &c.

245. Les Peintures du grand Escalier de Versailles , & le plafond dudit en trente-une pieces , non compris l'explication.

246. La Transfiguration & la Descente de croix, par Dorigny ; anciennes & belles épreuves.

247. La Franche-Comté , par Simoneau , d'après le Brun.

248. L'Elévation en croix, du même, par Audran.

249. Les sept Œuvres de Miséricorde, composées & gravées par le Bourdon; premieres épreuves.

250. Les sept Sacremens du Poussin, en grand, par Pesne.

251. Les quatre Elémens d'après Boulongne, par Desplaces, &c.

252. La Pêche miraculeuse, le Lazare & le *Magnificat* : ces trois grandes Pieces d'après Jouvenet, sont très-belles épreuves.

253. Six Pieces d'après le Brun, dont S. Louis, S. Charles, &c.

254. Quinze Pieces diverses, sujets de plafonds, d'après le Dominiquain, par Frey, &c.

255. Cinq grands Feux & Catafalques, par M. Cochin, &c. & de plus, douze autres Estampes d'Architecture.

256. Lycurgue blessé, d'après M. Cochin, par Desmarteau; premiere épreuve.

257. La même Estampe, aussi avant la réception à l'Académie.

258. Trois Epreuves de la Loge des Changes de Lyon, d'après M. Souflot, par Bellicard.

259. Quarante Pieces diverses, par M. Cochin, pour l'Histoire de France, le Piron, &c.

260. Trente-deux Pieces, caricatures de Saly, par M. de la Live, &c.

261. Douze Portraits en médaillons, &c. par M. Cochin, &c.

262. La Suite des Vases de Petitot, en 30 pieces, y compris le titre.

263. Quarante Feuilles de groupes d'Enfans, d'après Boucher, formant divers cahiers.

264. Seize Têtes diverses d'après différens Maîtres, gravées à la maniere du crayon.

265. Cent huit Pieces de Vases d'après Bouchardon, &c. & Médailles de Godoneche.

266. Cinquante-cinq Têtes d'après Raphaël, & sujets divers composés & gravés par C. Maratte.

267. Cinquante-quatre Feuilles de Vafes de Polydore & le Jeay.

268. Quatre-vingt quatorze Eftampes & Statues diverfes par différens Graveurs.

269. Vingt autres Sujets divers, gravés en Italie d'après différens grands Maîtres ; & parmi fe trouvent les vues & élévations de la Métropole de Rheims.

270. Huit Portraits de divers Artiftes, &c. gravés par Wille, Muller, &c. dont Quefnay, Leramberg, &c.

271. Le Comte de S. Florentin, avant la qualité de Miniftre.

272. Huit Portraits divers, dont le Card. de Fleury, avec Diogene, par Thomaffin, &c.

273. Sept autres, dont Foreft, Reftout, le Brun, &c.

274. Trente Portraits de différens Académiciens, par Chereau, Lepicié, Tardieu, &c.

275. Dix-huit autres, *idem*, dont Louis XV par Drevet, Desjardins, par Edling, &c.

276. Un Lot de différentes Eftampes de Meiffonier & autres.

277. Un autre de différentes Eftampes d'Artiftes, qui fera divifé.

278. Plufieurs Eftampes collées fur toile, dont les grandes Batailles d'Alexandre, par Audran ; la Famille de Darius, par Edling, &c.

279. Vingt-neuf Pieces, dont la Suite des Mafcarades à la Grecque, par Petitot.

280. Dix-huit autres gravées à l'eau forte, par Benedette & Bartolozzi.

281. Quinze Académies d'après différens Maîtres, gravées, en maniere de crayon, par Defmarteau.

282. Dix-fept autres, *idem*.

Volumes d'Estampes.

283. Un Volume oblong, contenant quarante-une Planches gravées par Rom. de Hooge, & repréfentant les Ufages & Coutumes des Habitans des Indes Orientales & Occidentales.

284. Un Volume *in-folio*, contenant les Fêtes données à Guillaume III, dans fon voyage d'Hollande, en 16 planches, par R. de Hooge ; & dans le même vol. fe trouve une Suite de douze grandes Ruines d'architecture, compofées & gravées par Gafpari.

285. {
Une Brochure contenant 50 Statues gravées par Prettler, d'après les deffins de Bouchardon.
Une Suite de 60 Planches de Serrurerie, reliée en parchemin.

286. Un Recueil de deux cens petits Sujets & Payfages compofés & gravés à l'eau-forte, par divers Peintres Flamands & François, Both, Berghem, &c.

287. Un Volume *in-folio*, contenant deux cent dix-huit Payfages pittorefques, compofés & gravés par Veïrotter.

288. Un autre Volume contenant cent cinquante jolis Payfages, deffinés & gravés par Perelle.

289. Une Suite des habillemens des différentes Nations du Levant, en cent planches, avec explication & mufique, *in-fol.* broché.

290. Les trente-fix Tableaux peints par Rubens, dans le plafond de l'Eglife du Jefus à Anvers, & gravés par Punt, en grand papier br.

291. Les Peintures de le Sueur & le Brun, de l'Hôtel du Préfident Lambert, en trente-fix morceaux par Picart, *in-fol.* relié en cartons.

292. Une Suite de cent petites vues de France &

d'Italie , deſſinées d'après nature , & gravées par Silveſtre.

293. L'Architecture & Perſpective de Bibiene , compoſées de cinquante-trois planches de décorations théâtrales & autres, *in-fol.* broché.

294. Un grand Vol. *in-fol.* broché , contenant quatorze portraits d'Empereurs d'Allemagne, gravés par Suiderhoef, Van-Sompel , &c. commençant à Rodolphe I , & finiſſant à Léopold ; de plus , quarante autres portraits gravés par Viſſcher , des Princes & Princeſſes de Hollande , finiſſant à Philippe IV.

295. Une autre grande Brochure en cartons, contenant ſoixante-ſix ſujets & payſages compoſés par Séb. Bourdon & Loir , dont les ſept Œuvres de Miſéricorde gravées en grand par le Bourdon , &c.

296. La grande Galerie de Verſailles , d'après le Brun, reliée en maroquin à grandes dentelles.

297. Le même Ouvrage relié en veau.

298. Un Volume , ſuite de vaſes , ornemens , ſujets , &c. relié en veau.

299. Un autre contenant différentes ſuites d'Animaux, Vaſes , Arabeſques , &c. par Duncke & Huquier.

300. Quelques objets qui ſeront diviſés.

F I N.

Lu & approuvé le préſent Catalogue , ce 16 Mars 1778.   C O C H I N.

Vu l'approbation : *Permis d'imprimer , ce 17 Mars 1778.*   L E N O I R.

De l'Imprimerie de P. Fr. Gueffier.

www.ingramcontent.com/pod-product-compliance
Lightning Source LLC
Chambersburg PA
CBHW070754280326
41934CB00011B/2923